Jacqueline Nsiah

Regresso do exílio

Jacqueline Nsiah

Regresso do exílio

ScienciaScripts

Imprint
Any brand names and product names mentioned in this book are subject to trademark, brand or patent protection and are trademarks or registered trademarks of their respective holders. The use of brand names, product names, common names, trade names, product descriptions etc. even without a particular marking in this work is in no way to be construed to mean that such names may be regarded as unrestricted in respect of trademark and brand protection legislation and could thus be used by anyone.

Cover image: www.ingimage.com

This book is a translation from the original published under ISBN 978-3-659-55690-6.

Publisher:
Sciencia Scripts
is a trademark of
Dodo Books Indian Ocean Ltd. and OmniScriptum S.R.L publishing group

120 High Road, East Finchley, London, N2 9ED, United Kingdom
Str. Armeneasca 28/1, office 1, Chisinau MD-2012, Republic of Moldova, Europe
Printed at: see last page
ISBN: 978-620-8-30824-7

ÍNDICE DE CONTEÚDOS

1. INTRODUÇÃO

"Acho que viajamos para procurar e voltamos a casa para nos encontrarmos lá." Chimamanda Ngozi Adichie[1]

A citação acima, de Chimamanda Ngozi Adichie, reflecte os sentimentos de muitos dos participantes que entrevistei num espaço de dois meses sobre as razões que os levaram a regressar ao Gana, o país de nascimento dos seus pais. Também reflecte os meus sentimentos.

Pela primeira vez em quase quatro anos, viajei para o Gana em dezembro de 2013 durante um mês. Esta viagem surgiu de forma bastante espontânea. Dois dos meus amigos de m Londres, um de ascendência ganesa e outro de ascendência espanhola e equatorial-guineense, convenceram-me a fazer a viagem com eles. Eu não estava muito interessada, pois sentia que já estava farta do Gana e queria experimentar e ver um sítio novo. Vivi no Gana de 2009 a 2010 e, embora a minha experiência de vida tenha sido boa, nunca tive vontade de ficar. Sentia que faltava qualquer coisa, mas não conseguia

1 Escritor, pensador e autor de "Hibisco Roxo", "Meio Sol Amarelo" e "Americanah", Ted X talk: "O perigo da história única" https://www.youtube.com/watch?v=D9Ihs241zeg, nigeriano, que passou

identificar exatamente o que era. Talvez fosse a falta de diversidade. Depois de ter andado às voltas com os meus dois amigos, decidi juntar-me a eles na viagem ao Gana. Desde o momento em que aterrei no aeroporto, senti algo diferente no ar; uma vibração diferente. Tudo parecia maior: o aeroporto tinha-se expandido, havia um novo terminal, mais pessoal de terra do que o habitual, mais pontos de controlo, etc. Sentia-se um certo orgulho entre os funcionários. Senti esta transformação em toda a cidade. Havia obras por todo o lado em Accra, novas ruas, novos edifícios, restaurantes, bares e blocos de apartamentos. Havia uma onda de energia por todo o lado. A construção pode despoletar este sentimento de entusiasmo, como descreve o britânico-chinês James Chau, que se mudou para a China no início dos anos 2000:

"No entanto, para um grupo de jovens - muitos dos quais nunca lá tinham posto os pés - é o futuro da China, e não a sua história, que a define. A deslumbrante linha do horizonte de Pequim é o testemunho da posição global do país."[2]

Nesta viagem, encontrei muitas pessoas que pensam como eu, pessoas do mesmo meio que eu, que também andam à procura.

[2]Reencontrei antigos colegas de universidade do meu tempo em Londres, muitos dos quais tinham perdido o contacto e não os via há anos. No entanto, só depois de ter regressado a Berlim após as minhas quatro semanas de férias é que me apercebi que queria estar no Gana. Dei por mim lá, apesar de estar fisicamente em Berlim.

Este trabalho centra-se na comunidade da diáspora ganesa que regressou ao Gana.

O Gana tornou-se uma democracia multipartidária em 2000 e o primeiro presidente civil eleito, John Agyekum Kufuor, sucedeu a Jerry John Rawlings nas eleições de 2001.[3] Desde a década de 90, o Governo do Gana lançou vários programas para o regresso de ganeses qualificados que se encontravam na diáspora.[4] No entanto, foi John A. Kufuor que lançou a iniciativa "Homecoming Summit" (Cimeira de regresso a casa) para que os ganeses na diáspora regressassem ao Gana.[5]

---

2 Destaque: O síndroma chinês; *A longa marcha para casa*. Publicado na revista Sunday Times de 1 de agosto de 2010

3 http://www.ghanaweb.com/GhanaHomePage/republic/polit_hist.php (23rd setembro de 2014)

4 Documento nacional: Gana, 2008. "Migration Country Paper (Ghana)", por M. Awumbila, T. Manuh, P. Quartey, C. Tagoe e T. Antwi Bosiakoh. Centro de Estudos sobre Migração, Universidade do Gana. P. 17

5 Documento nacional: Gana, 2008. "Migration Country Paper (Ghana)", por M. Awumbila, T. Manuh, P. Quartey, C. Tagoe e T. Antwi Bosiakoh. Centro de Estudos sobre Migração, Universidade do Gana. P. 17

Tem havido um fluxo constante após os eventos da Cimeira de Regresso a Casa, mas a minha investigação sugere que a maioria dos retornados veio em 2008/2009 e depois.

Entrevistei oito retornados e um representante do governo do Gana. O governo do Gana criou um comité em 2012, a Unidade de Apoio à Diáspora (DSU). Devido ao bom trabalho e à reintegração bem-sucedida de alguns membros da diáspora ganesa, a DSU faz oficialmente parte do Ministério dos Negócios Estrangeiros e é agora referida como Gabinete dos Assuntos da Diáspora (DAB).

Um dos meus participantes recusou-se a aparecer no sítio Web e outro continuou a dar-me desculpas sobre o encontro e a recolha de imagens, o que me leva a crer que também ela não queria aparecer no sítio Web, mas não o podia dizer. O participante que se recusou a aparecer no sítio Web invocou a sua profissão como motivo. Ele trabalha para a Embaixada Americana no Gana e estava preocupado com o facto de isto poder interferir com o seu trabalho.

De facto, entrevistei nove pessoas no total. A nona participante foi a diretora, escritora e produtora da série do YouTube "*An African City*",[6]

6 http://www.anafricancity.tv

Nicole Amarteifio. "*An African City*" é uma série web sobre cinco mulheres de origem ganesa que decidiram regressar a casa. Estas mulheres tornam-se amigas íntimas e partilham as suas experiências de regresso e de adaptação ao país. A série web foi lançada no YouTube em janeiro de 2014 e está relacionada com o tema deste trabalho, captando um segmento da diáspora ganesa que decidiu regressar. Tinha finalmente marcado um encontro com ela, depois de vários e-mails com a sua assistente. Nicole foi a minha segunda entrevistada e eu era um pouco inexperiente na altura. Finalmente encontrámo-nos no hotel Villa Monticello, um local muito caro e elegante numa zona afluente chamada Airport Residential Area. Nesse mesmo dia, pedi emprestado um gravador de som a um amigo, pois o gravador de som que utilizei na entrevista anterior não estava a gravar suficientemente alto. Sentámo-nos na zona de entrada do hotel, pedimos bebidas, conversámos um pouco e depois decidimos fazer a entrevista. Correu muito bem; ela tinha muito para contar sobre a sua infância, quando cresceu com os pais em Nova Iorque. Ela vem de uma família prestigiada em Accra e o seu tio foi o antigo presidente da câmara de Accra. Trinta minutos depois do início da entrevista, decidi verificar se o aparelho estava a gravar bem e foi então que reparei que estava desligado. A bateria tinha-se descarregado em mim! Foi uma das experiências mais humilhantes com que me tinha deparado nos últimos tempos. Também me pareceu pouco profissional. Ela reagiu bem e sugeriu que nos encontrássemos no sábado seguinte. Continuámos a conversa casualmente e ela gostou genuinamente das perguntas e da entrevista em si. Temos muitos amigos em comum, um facto que não é surpreendente em Accra entre os retornados, uma vez que gravitamos em torno da nossa própria espécie. Infelizmente, um membro da família dela faleceu e nunca mais conseguimos remarcar a entrevista.

Aprendi definitivamente a lição com essa experiência e, depois disso, ando sempre com pilhas sobresselentes e faço uma verificação do som antes da entrevista.

Optei por entrevistar os participantes num local à sua escolha e apenas com um gravador de som, pois queria que estivessem o mais à vontade possível e que falassem tão livremente quanto quisessem. Tirei algumas imagens durante a entrevista e segui alguns dos participantes nas suas actividades diárias e tirei imagens subsequentes. Depois de cada entrevista, escrevi a minha experiência durante a entrevista e as minhas observações sobre a forma como a entrevista decorreu, a linguagem corporal dos participantes, quando estavam mais à vontade com uma pergunta ou mais hesitantes. A intenção por detrás disto era investigar melhor as suas respostas, ver até que ponto estavam conscientes das suas respostas e, para minha surpresa, muitos dos retornados não tinham pensado em pormenor nas suas motivações para regressar.

A minha abordagem consistiu em fazer a todos o mesmo conjunto de perguntas. Queria saber como tinha sido a sua educação no respetivo país de nascimento e se isso tinha afetado a sua decisão de viver no Gana. Fiz perguntas sobre as suas motivações para regressar: se regressaram por razões ideológicas ou económicas ou simplesmente por curiosidade. Prossegui perguntando sobre as suas experiências aqui e se se sentiam parte da sociedade. A ideia é saber quem vem, porquê, porquê nesta altura específica, o que consideram ser a sua casa e se encontraram a sua casa no Gana.

Com a recolha de imagens e som, decidi optar por um projeto interativo baseado na Web, em vez de um filme etnográfico ou uma exposição fotográfica.

O meu objetivo é chegar ao maior número possível de pessoas, especialmente ganeses e outros da diáspora africana, para que partilhem as suas opiniões, experiências e sentimentos no sítio Web. A Internet tornou-se uma ferramenta muito poderosa; a maior parte da comunicação e da transmissão de informação é feita através das redes sociais e dos blogues. Um artigo de Leah A. Lievrouw na edição 6 do "*International Journal of Communication*" afirma que cada vez mais os académicos estudam a intersecção entre os novos meios de comunicação e a mudança social, uma vez que eventos mundiais como o Occupy Wall Street e a destituição do Presidente Mubarak no Egito estão associados a plataformas da Internet como o Twitter e o Facebook.[7]

Além disso, este vai ser um projeto em curso. Com o tempo, gostaria de recolher mais entrevistas, imagens e acrescentar mais elementos ao sítio. De acordo com o DAB, não existem dados ou informações suficientes sobre a diáspora ganesa, pelo que o sítio Web deve servir de arquivo digital das histórias da diáspora ganesa.

As minhas motivações para fazer a investigação começaram com a

7 Activist New Media", Malden, MA: Polity Press, 2011

minha viagem ao Gana em dezembro de 2013, quando reparei que havia muitos ganeses da diáspora, especialmente a geração mais jovem, dos 22 aos 36 anos. O facto de muitos jovens se mudarem para o Gana altera a demografia do local, o que foi constatado num estudo da CIA Factsheet[8]. Não se pode deixar de notar os diferentes sotaques do inglês falado na cidade. Este facto pode transformar ainda mais o país, uma vez que muitos dos retornados não falam uma língua local. O que é que vai acontecer às línguas locais, se cada vez mais pessoas da diáspora, sem qualquer conhecimento da língua local, se instalarem no país?

Este trabalho terá um estilo narrativo. O Gana tem sido historicamente uma sociedade oral. As histórias e a recolha de dados são feitas através da transmissão oral e da narração de histórias, o que é uma das razões pelas quais é difícil dizer exatamente quantos retornados se encontram no país. Esta dificuldade foi registada pelo estudo do "Centre For Migration Studies - University Of Ghana":

"No Gana, tal como noutras partes de África, a migração é em grande

8 A idade média do Gana é de 20,8 anos, de acordo com o estudo CIA Factsheet: http://www.globalpost.com/dispatch/news/health/140904/map-youth-elderly-world-political-unrest- economia-desemprego (8th setembro 2014)

parte informal e não documentada, o que torna os dados precisos sobre o fenómeno extremamente escassos."[9 10 11]

Destacarei as diferentes experiências migratórias pelas quais o Gana passou, começando pela primeira geração que partiu, analisando por que razão partiram, em que circunstâncias e por que razão não regressaram, para compreender melhor por que razão a geração mais jovem se sente compelida a regressar. Ficará claro por que razão é mais fácil para a atual comunidade da diáspora regressar, uma vez que as condições e o ambiente mudaram.

Continuarei a analisar a questão de saber o que é o lar, como é que o lar pode ser definido e se a noção de lar foi transformada pela globalização.

A este respeito, o exílio será definido no seu sentido tradicional, e explicarei como me reapropriei do termo para assuntos actuais no contexto da diáspora ganesa.

Na quarta secção, concluo com um resumo das minhas conclusões e observações.

---

9 Documento nacional: Gana, 2008. "Migration Country Paper (Ghana)", por M. Awumbila, T. Manuh, P.
10 Quartey, C. Tagoe e T. Antwi Bosiakoh. Centro de Estudos sobre Migração, Universidade do Gana. P. 2

2. CONTEXTO DA MIGRAÇÃO NO GANA - FACTOS, NÚMEROS (?) E MITOS

Este capítulo estudará três trajectórias principais no âmbito das vertentes migratórias no Gana. Em primeiro lugar, apresentará as experiências migratórias no Gana, destacando as suas complexidades, que podem ser referidas como factores de pressão e de repulsão. Em seguida, abordará a primeira geração de pessoas que abandonaram o país, apresentando alguns factos e números e desmistificando mitos. O último tópico deste capítulo abordará a geração de retornados, estabelecendo o ponto de partida do seu regresso, o que desencadeou o regresso e a situação atual.

As migrações no Gana e em grande parte de África estão ligadas a "fenómenos emocionais, relacionais e sociais capturados nas complexidades, contradições e confusão das suas realidades quotidianas"[12] e, como tal, têm de ser estudadas nessa base. Antes de abordar a questão de saber quando é que os primeiros ganeses partiram e quando é que a diáspora regressou, é importante notar que

12 Nyamnjoh, Francis B. "Ficção e realidade da mobilidade em África" in Estudos de Cidadania, 2013, Vol. 17, N.ºs 6-7, p. 653

não existe um ponto de corte claro para a migração no Gana. Embora, desde o início da década de 2000, tenha regressado um fluxo constante de ganeses na diáspora, tem havido também um fluxo de mão de obra qualificada, especialmente nos sectores da saúde e da educação, como enfermeiros, médicos, professores e docentes universitários que deixam o país em busca de melhores condições noutros países africanos, no Reino Unido e nos EUA. Muitos trabalhadores da construção civil partiram para trabalhar noutras partes de África, como a Nigéria, a Líbia e o Médio Oriente, em locais como a Arábia Saudita e os Emirados Árabes Unidos.[13] Embora a situação económica do Gana tenha melhorado drasticamente, a produção de cacau aumentou consideravelmente, tornando-se novamente o segundo maior país produtor de cacau do mundo desde 2003, após uma pausa de três décadas. Além disso, o sector mineiro do Gana, como a extração de ouro, contribui com 30% das receitas em divisas. Os diamantes, o manganês e a bauxite são também produzidos em grandes quantidades. Mais recentemente, a descoberta de petróleo revelou-se prometedora para a economia do país[14] . No entanto, o Gana depara-se com desafios em matéria de

---

13 http://www.ghanaweb.com/GhanaHomePage/diaspora/ 04th outubro de 2014

14 Documento nacional: Gana, 2008. "Migration Country Paper (Ghana)", por M. Awumbila, T. Manuh, P. Quartey, C. Tagoe e T. Antwi Bosiakoh. Centro de Estudos sobre Migração, Universidade do Gana. P. 3 -5

desenvolvimento, para os quais contribuem vários factores. A população do Gana aumentou 5 milhões em quatro anos; em 2000, a população era de 18 845 265 pessoas e, em 2007, foi estimada em 23 milhões.[15] [16]

O rápido crescimento da população dificultou a criação de empregos suficientes nos respectivos sectores e a formação das pessoas em conformidade. Em 2010, a taxa de alfabetização no Gana era de 71,5% da população total, dos quais 78,3% eram homens e 65,3% mulheres[14], o que pode impedir o desenvolvimento económico. Outro fator é o facto de o governo não ter conseguido rever os salários no sector público, o que faz com que muitas vezes as pessoas no sector público esperem meses pelo seu pagamento. A falta de oportunidades de emprego no sector privado, bem como o "síndroma de quem conhece", um termo que eu cunhei e que significa que se tivermos bons contactos e viermos de uma família abastada, o emprego está quase sempre garantido.

De facto, é difícil separar qualquer ganês da mobilidade ou da

15 Documento nacional: Gana, 2008. "Migration Country Paper (Ghana)", por M. Awumbila, T. Manuh, P. Quartey, C.

18 Tagoe e T. Antwi Bosiakoh. Centro de Estudos sobre Migração, Universidade do Gana. P. 3

migração, como refere Nyamnjoh de forma interessante:

"Mesmo os africanos que talvez nunca tenham mobilidade para além do seu local de nascimento ligam-se ao resto do mundo através de encontros com os que têm mobilidade entre eles." [17][18]

No caso do Gana, um décimo da população total do país vive na diáspora. Em números concretos, isto significa que cerca de 3 milhões de ganeses[19] estão dispersos por todo o globo. Isto significa que um em cada dez ganeses tem um familiar a viver no estrangeiro e que, provavelmente, está em contacto telefónico regular com essa pessoa através do Whatsapp e do Viber[20] , ou de outros meios de comunicação social e da Internet,[21] , sabendo assim da atualidade no estrangeiro.

Além disso, esse familiar "local" provavelmente recebe remessas do estrangeiro, talvez até viva numa propriedade que foi construída por um membro da família a bordo ou até gere um negócio iniciado por

---

17 http://www.indexmundi.com/ghana/literacy.html 4th outubro de 2014

18 Nyamnjoh, Francis B. "Ficção e realidade da mobilidade em África" in Estudos de Cidadania, 2013, Vol. 17, Nos. 6-7, p. 674

19 Instituto para o Estudo das Migrações Internacionais e Diálogo Interamericano, "Diasporas, Development and Transnational integration: Ghanaians in the U.S., U.K. and Germany", 23rd outubro 2005

20 O Whatsapp e o Viber são aplicações para telemóveis Android ou I-phones que permitem fazer chamadas e enviar mensagens gratuitamente.

21 Appadurai, A. "Grassroots, globalization and the research imagination. Cultura pública, 2000, 12 (1), pp. 1

esse mesmo familiar. Isto é bastante complexo. Como é que podemos realmente dizer quem é local e quem não é?

Inicialmente utilizei o termo push-and-pull, expandido pelo cientista social Ernest George Ravenstein (1989),[22] para descrever a situação, porque a paisagem económica empurra as pessoas para longe e puxa-as para uma situação mais favorável. A migração acontece, como se pode notar, numa base emocional e social, não é como acontece frequentemente no Ocidente para explorar um novo ambiente, aprender uma nova língua ou seguir um ente querido. No Gana, deve-se à falta de oportunidades para uma parte da sociedade. Estas pessoas vêem-se obrigadas a deixar um lugar onde gostariam de ficar e são forçadas a separar-se da família e dos amigos. Num projeto de investigação anterior que realizei em Berlim, em abril de 2013, durante o workshop de cinema transcultural, produzi uma curta-metragem etnográfica sobre uma loja afro e tive a oportunidade de falar com ganeses que tinham partido recentemente e que partilharam comigo as suas experiências e sentimentos.[23]

O Gana conquistou a sua independência do domínio colonial britânico

---

24 http://www.csiss.org/classics/content/90 4th outubro de 2014
23 https://www.youtube.com/watch?v=rmJ_OPzPg0E (Filme: No Place Like Home)

em 6th de março de 1957, sob a direção do Dr. Kwame Nkrumah. Nkrumah era um socialista e um pan-africanista. Durante a sua presidência, construiu a barragem hidroelétrica de Akosombo e o maior lago artificial do mundo, o Lago Volta, "que cobre 8 502 quilómetros quadrados, ou seja, 3,6% da superfície do Gana".[24]

Aquando da independência, o Gana tinha apenas uma universidade e não dispunha de professores e pessoal suficientes para abrir imediatamente outra universidade, pelo que Nkrumah celebrou contratos bilaterais com países maioritariamente socialistas para enviar ganeses para esses países que dispunham de instalações para formar o seu povo. Isto aconteceu por volta da década de 1960, quando os primeiros ganeses partiram para países como a Bielorrússia, a União Soviética, a Checoslováquia, Cuba, a Alemanha de Leste, mas também para o Reino Unido, a Alemanha Ocidental e alguns para os EUA.

Nkrumah era um defensor do movimento de independência e prometeu que:

"A nossa independência não tem sentido se não estiver ligada à

24 http://en.wikipedia.org/wiki/Akosombo_Dam (5th outubro 2014)

libertação total de África".[25]

Foi derrubado num golpe de Estado em 1966, por um chefe do exército apoiado pela CIA. Após este incidente, a situação política no Gana agravou-se. Seguiram-se golpes de Estado atrás de golpes de Estado, que conduziram a instabilidades políticas e económicas no país.

A primeira vaga que deixou o Gana foi, portanto, no início dos anos sessenta, com bolsas de estudo para estudar no estrangeiro, com a intenção de regressar e construir o país como Nkrumah tinha previsto. A segunda vaga de pessoas que abandonaram o país na primeira geração partiu alguns anos após a expulsão de Nkrumah do governo e abandonou o país[26] à medida que a situação se deteriorava.

A primeira geração de estudantes que abandonou o ensino superior foi frequentemente criticada por muitos por ter abandonado o Gana, por ter saído com bolsas de estudo concedidas pelo governo e por não ter regressado para prestar serviço. A seguir, cito-me a mim próprio na minha exposição de mestrado para esta tese:

25http://www.bbc.co.uk/worldservice/focusonafrica/news/story/2007/02/070129_ghana50_independence_speech.shtml (última atualização 2nd junho 2007)

26 killed-dr-kwame-nkrumah.html

"A intenção era que regressassem após os estudos e ajudassem a construir o país, mas a maioria nunca o fez. Muitos dos seus filhos estão agora a regressar para fazer o que os pais não fizeram."[27]

No estudo realizado pelo Centro de Estudos de Migração da Universidade do Gana em 2008, também se afirmava que

"Nalguns casos, alguns ganeses regressaram aos países onde receberam formação para trabalhar, enquanto outros que viajaram inicialmente para estudar e/ou receber formação ficaram para trás após o seu programa de estudos para trabalhar."[28]

É verdade que muitos não regressaram, o que também foi notado pela maioria dos meus participantes, mas há que ter em conta as circunstâncias que se viviam no Gana nessa altura. Os primeiros que saíram receberam bolsas de estudo concedidas por Nkrumah; quando concluíram os respectivos cursos, Kwame Nkrumah tinha sido afastado por um golpe militar, não sabiam em que estado se encontrava o Gana e como seriam recebidos se regressassem. Além disso, não havia oportunidades de emprego, pelo que novas vagas de

27 Nsiah, Jacqueline, Exposição de Teses de Mestrado, 15th março de 2014, p. 1

28 M. Awumbila, T. Manuh, P. Quartey, C. Tagoe e T. Antwi Bosiakoh "Migration Country Paper (Ghana)", Country Paper: Ghana, 2008 Centre For Migration Studies, Universidade do Gana. P. 13

ganeses abandonaram o país. Além disso, não havia tantas companhias aéreas a voar para o Gana, o custo dos voos era elevado, não havia telemóveis nem Internet, a cobertura dos meios de comunicação social era escassa e o fluxo de informação, por conseguinte, lento. Dois dos meus participantes, Valerie Labi e Sewor Okudzeto, quando questionados sobre o que tinha mudado, porque é que tantos de nós estão a regressar agora, ambos mencionaram uma das razões, e eu parafraseio:

A cobertura mediática mudou. Os media têm uma influência muito forte na forma como as pessoas formam as suas opiniões e o que pensam. Se os meios de comunicação social decidirem hoje que Barcelona é a cidade mais segura e mais bonita para visitar, uma consequência garantida será a visita de fluxos de turistas a Barcelona. Se os meios de comunicação social mostrarem Joanesburgo, na África do Sul, como a cidade mais perigosa do mundo, isso afectará, por sua vez, o turismo e até o investimento nesse local. A cobertura mediática do Gana, e de África em particular, tem sido bastante negativa no passado, focando apenas a guerra, a fome e as doenças. Desde que o Gana participou no Campeonato do Mundo de 2006, na Alemanha, que Kofi Annan se tornou Secretário-Geral da ONU e que Obama, quando foi eleito, fez a sua primeira viagem internacional ao Gana, os meios de comunicação social mudaram.[29]

Passaram cerca de 50 anos desde que os primeiros ganeses deixaram o Gana, formando uma enorme diáspora em todo o mundo. Como já foi referido, cerca de 3 milhões de ganeses (número oficial; as contagens não oficiais ultrapassam os 4 milhões[30]) vivem fora do Gana e o seu impacto tem sido enorme. Kwaku Yeboah, Gabinete dos Assuntos da Diáspora (DAB), Gana:

"Em 2012, as remessas enviadas pela diáspora ganesa foram superiores às de todos os parceiros de desenvolvimento do Gana juntos! O sector da habitação no Gana tem um défice de 1,7 milhões. A comunidade da diáspora está a construir casas em que não dorme, em que os seus familiares vivem, em que algumas são utilizadas para fins comerciais, mas, sobretudo, está a subsidiar o desafio da habitação no Gana. Educação: muitos ganeses no estrangeiro são muito instruídos e estabelecem parcerias no estrangeiro para ajudar a construir escolas e universidades no Gana. Um exemplo famoso é o

29 Entrevista áudio com Valerie Labi e Sewor Okudzeto, excertos podem ser encontrados no meu sítio Web: www.returningfromexile.com

30 De acordo com o Gabinete dos Assuntos da Diáspora do Ministério dos Negócios Estrangeiros, o Gana

do fundador e presidente da Universidade de Ashesi, Patrick Awuah, que era engenheiro e gestor de programas na Microsoft Corporation nos Estados Unidos e que, em 2002, decidiu regressar ao Gana e abrir uma universidade. Ashesi é agora uma das melhores universidades de África e recebe estudantes de todo o continente".[31]

Um estudo realizado pelo Instituto para o Estudo das Migrações Internacionais e pelo Diálogo Interamericano em 2005 concluiu que, de todas as comunidades da diáspora africana em todo o mundo, os ganeses não são apenas os que mais dão, mas também os mais consistentes. Quanto mais tempo permanecem longe do seu país de origem, mais dão em remessas. O movimento das pessoas transformou-se, portanto, de migrantes em diásporas modernas, moldando e contribuindo para a economia do seu país, bem como mantendo laços sociais e familiares.[32]

Para além de enviarem remessas, os que saem da primeira geração também estão activos nos seus países de "acolhimento". Durante a minha entrevista com Valerie Labi sobre a questão de saber porque é

31 Excerto da minha entrevista com Kwaku Yeboah (DAB)

32 Orozco, Manuel et al. "Diasporas, Development and Transnational integration: Ghanaians in the U.S., U.K. and Germany", Institute for the Study of International Migration and Inter-American Dialogue, 23 de outubro de 2005. Pp. 1-7

que ela achava que tantos de nós estavam a regressar, ela continuou

"De repente, tornou-se fixe ser ganês na Grã-Bretanha, o Carnaval de Notting Hill tinha uma secção ganesa entre os carros alegóricos e foram organizados festivais ganeses em parques para promover a cultura, a cozinha e a música ganesas."[33]

A primeira geração de ganeses que abandonou o país é também muito ativa na Alemanha, onde eu cresci. O meu pai pertence ao grupo étnico Akan ou Ashanti, que na língua Akan é designado por *Asante.* Há pelo menos 20 anos que é membro de uma *Verein*, uma associação chamada Asanteman (povo Ashanti) e. V. Esta coleta dinheiro mensalmente de todos os seus membros e, no final do ano, os membros reúnem-se e compram equipamento cirúrgico a hospitais na Alemanha e enviam-no para o Gana. Outras vezes compram livros e outros materiais necessários para as crianças do Gana. Também são enviados regularmente vestuário e calçado. São activos no seio da comunidade ganesa na Renânia do Norte-Vestefália: quando nasce uma criança, organizam uma outdooring (cerimónia de atribuição do nome), ou se alguém morre, recolhem dinheiro para enviar o corpo

33 Entrevista áudio com Valerie Labi, um excerto pode ser encontrado no meu sítio Web: www.returningfromexile.com

para o Gana para um enterro tradicional, e muitas outras coisas. Acredito firmemente que este forte sentido de comunidade foi também um fator que encorajou pessoas como eu a regressar *ao seu país* para descobrir como é viver lá.

Agora, foi desmistificado o mito de que a primeira geração de desertores abandonou o Gana, o que é manifestamente falso com base nos exemplos que apresentei acima. Pelo contrário, essa geração foi uma enorme bênção para o Gana, porque se tivessem regressado após os seus estudos e formações no estrangeiro nos anos 70 e 80, poderiam ter tido um impacto tão grande na vida das suas famílias e na economia do Gana? Provavelmente não. É devido às suas contribuições que os seus descendentes sentem a necessidade de regressar ao Gana e de o tornar seu; eles abriram o caminho.

Na última década (2002 - 2004), assistiu-se a uma tendência de regresso dos ganeses da diáspora ao Gana. Isto deve-se a vários factores, tais como a globalização, a crise financeira na maioria dos países ocidentais e a crescente estabilidade económica e política no Gana, bem como às iniciativas do governo ganês ao longo dos anos, que demonstram o apreço pelas contribuições das diásporas e atraem alguns deles de volta. Além disso, o facto de os meios de comunicação social terem mudado a sua retórica sobre África e de as imagens de África que vemos serem mais positivas. Em 2013, o New York Times elegeu o Gana como o quarto melhor lugar do mundo para visitar, chamando-lhe a Ibiza de África.[34]

Desde o início da década de 2000, os artistas plásticos ganeses ganharam mais popularidade no Ocidente, quando antes a sua arte não era considerada arte ou, pelo menos, não estava ao mesmo nível das pinturas europeias/ocidentais. Atualmente, uma obra de arte de Owusu Ankomah[35] vale 25 000 libras esterlinas na Galeria de outubro em Londres (2005).[36]

A literatura africana está a ser reconhecida em todo o mundo e escritores como Chimamanda Ngozi Adichie (Nigéria) e Taiye Selasi (Gana/Nigéria)[37] estão a ganhar prémios por escreverem sobre África e a diáspora africana, mas de uma perspetiva de classe média. Chimamanda Ngozi Adichie foi mesmo convidada a dar uma palestra TED X[38] na prestigiada Universidade de Oxford sobre "*O perigo de*

34 http://www.nytimes.com/interactive/2013/01/10/travel/2013-places-to-go.html?_r=0
35 Owusu Ankomah é um artista plástico e pintor ganês de renome
36 http://www.octobergallery.co.uk/artists/owusu-ankomah/
37 Escritor do livro premiado "Ghana Must Go"
38 O TED é uma pequena organização sem fins lucrativos dedicada a ideias que valem a pena ser divulgadas - através do TED.com

uma única história", o que constitui um enorme feito e reconhecimento para África e os seus talentos. Mais importante ainda, o facto de Adichie ter sido convidada a partilhar a sua ideia e opinião sobre a forma como a África e as histórias africanas têm sido retratadas até à data e como é vital contar a nossa história a partir da nossa perspetiva e não de um ponto de vista ocidental é o verdadeiro avanço.

A popular série do YouTube "*An African City*", da retornada ganesa Nicole Amarteifio, tem 26.000 subscritores[39] de todo o mundo. A websérie "*An African City*" é sobre cinco amigos que decidiram regressar dos Estados Unidos a Accra, no Gana. Tematiza os desafios e as belezas do regresso, as transições culturais, as dificuldades com os agentes imobiliários e a procura de imóveis a preços acessíveis, as barreiras linguísticas e o amor e os encontros em Acra - temas com os quais quase toda a gente com uma mente aberta se pode identificar, seja ela retornada ou não.

A qualidade é soberba (sem a estética de Nollywood[40]), a moda é africana, bonita e elegante e, pela primeira vez, a vida no Gana é

39h ttp://www.anafricancity.tv

40 A indústria nigeriana de filmes de vídeo, onde os filmes são rodados em média em três dias para serem rapidamente colocados no mercado, muitas vezes a qualidade é má e os enredos são fracos.

apresentada de uma perspetiva de classe média, tal como existe na vida real.

A minha participante, Valerie Labi, fez uma observação interessante quando lhe perguntaram se se sentia parte da sociedade ganesa:

"Sim, sinto que faço parte da sociedade, mas também sinto que sou uma extensão da visão tradicional do que deve ser um ganês. Há 1,2 milhões de ganeses em Toronto, cerca de 3 milhões em Kumasi e 1 milhão em Tema, pelo que há de facto mais ganeses em Toronto do que em Tema[41] . Portanto, todo o conceito de ser ganês e não ter nascido em

Atualmente, o Gana faz parte integrante da sociedade. Não creio que fosse assim há 10 anos, porque as pessoas não nos conheciam. Há toda uma geração de ganeses nascidos fora do Gana que as pessoas não conheciam e que agora estão cá. Não somos os que nos visitam no Natal. Somos os que vivem e trabalham cá. Penso que alargou a nossa sociedade, no sentido em que a sociedade ganesa teve de se

41 Kumasi é a segunda maior cidade do Gana, a seguir à capital, Accra. Tema é a cidade portuária da região da grande Acra.

abrir a nós".[42]

Tendo em conta o que precede, será que ainda podemos falar de uma diáspora ou de uma comunidade de retornados? Tal como foi estabelecido anteriormente, a diáspora ganesa pagou mais em remessas do que os parceiros doadores do Governo ganês, pelo que será ainda apropriado fazer essa separação quando o seu impacto é tão significativo?

42 Entrevista áudio com Valerie Labi, um excerto pode ser encontrado no meu sítio Web: www.returningfromexile.com

3. PÁTRIA E EXÍLIO; OS PARADOXOS

Existem muitas definições para o termo exílio, mas o mais comum é que seja referido como:

"... uma situação em que se é forçado a deixar o seu país ou casa e ir viver para um país estrangeiro"[43]

Exílio significa, portanto, viver involuntariamente num lugar, ou viver num lugar que não foi escolhido.

Reapropriei-me do termo, uma vez que nenhum dos meus participantes teve a possibilidade de escolher, em criança, onde queria crescer e viver; os pais fizeram essa escolha por eles. Ouviram falar da sua terra natal, o Gana, através de histórias contadas pelos seus pais ou familiares, ou reviveram velhas memórias de infância na sua imaginação, imaginando assim um Gana de memórias, o que faz parte da experiência do exílio.

Além disso, alguns dos meus participantes, incluindo eu próprio, nunca tiveram um sentimento profundo de pertença ao país onde cresceram. O nosso ambiente lembrava-nos frequentemente que tínhamos um

43 http://www.merriam-webster.com/dictionary/exile

aspeto diferente, que tínhamos nomes diferentes. Eu, por exemplo, sempre me destaquei. Quando sentimos que não pertencemos a um lugar, começamos a imaginar como é o nosso país de origem ou, no caso da maioria dos meus participantes, visualizamos e expandimos a memória que temos desse lugar, o que também é muito típico das pessoas que vivem no exílio.

Abenaa, que cresceu nos Estados Unidos, onde nunca se sentiu integrada, falou de três situações que a definiram enquanto crescia. A primeira foi o facto de a sua mãe ganesa lhe lembrar constantemente que ela não era americana e que o Gana era a sua casa, pelo que sempre se rodeou a si própria e aos seus filhos de ganeses. Depois, na universidade, sempre que havia alguém importante do continente africano de visita, ela era chamada para levar a pessoa a conhecer o país. Se era relevante ou relacionado com os seus estudos ou não, nem sequer se punha em questão, era a coisa natural a fazer. A última situação foi quando ela estava num carro com a sua amiga negra americana num dia quente. O ar condicionado não estava a funcionar e a amiga começou a queixar-se do calor. Abenaa disse que sabia o que a amiga queria dizer, mas esta respondeu-lhe:

"Tu não sentes o que eu sinto, és africano e estás habituado a este tipo de calor".[44]

Ela disse o seguinte sobre a apropriação do exílio nos tempos modernos:

"Habituámo-nos a pensar no próprio período moderno como espiritualmente órfão e alienado, a era da ansiedade e do estranhamento."[45]

O último romance de Chimamanda Ngozi Adichie, "*Americanah*", é sobre uma rapariga nigeriana que se muda para os Estados Unidos para estudar, uma vez que as universidades estavam em greve na Nigéria. Acaba por passar 15 anos na América antes de decidir regressar. O romance fala das suas experiências nos EUA e da forma como aí tomou consciência da sua negritude e "africanidade". Ifemelu, a protagonista, lembra-se de ser constantemente recordada do seu sotaque nigeriano, sobretudo na universidade e quando ia a entrevistas de emprego. Começou a mudar o seu sotaque, a atenuá-

44 Entrevista áudio com Abenaa Nyarko Uttenthal, segmento que pode ser ouvido em: www.returningfromexile.com

45 Said, Edward "Reflections on Exile", Ensaio, 2000, p. 137 (http://www.dartmouth.edu/~germ43/pdfs/said_reflections.pdf)

lo, para se integrar. Nunca se adaptou totalmente e tinha dificuldade em compreender os americanos, por isso, passado algum tempo, começou a idealizar a Nigéria, criou esse lugar ideal na sua cabeça e voltou a falar inglês com o seu sotaque nigeriano. Avançamos para o capítulo final do livro: Ifemelu regressa a Lagos, na Nigéria, após 15 anos, e queixa-se da sujidade das ruas, dos constantes cortes de eletricidade, do barulho dos geradores e da ética de trabalho de algumas pessoas. No entanto, sente-se em casa e feliz.[46]

Abenaa falou exatamente disto, que quando regressou as coisas não eram como ela tinha imaginado ou mesmo como tinha vivido no passado. Ela esperava ser recebida de braços abertos, esperava que as pessoas fossem mais simpáticas, etc. Levou algum tempo a reconciliar o lugar que imaginava com a realidade atual no Gana. Tal como Ifemelu, Abenaa habituou-se ao modo de vida e aprendeu a apreciar outras coisas que o lugar tem para oferecer.

Este trabalho é também designado por "*Regresso do exílio*", em homenagem à primeira geração de pessoas que abandonaram o país, como os pais e avós dos meus participantes e os meus pais, que

46 Adichie, Chimamanda Ngozi "Americanah", Fourth Estate Publisher, 2013

tiveram de deixar o seu país de origem ainda jovens devido à instabilidade política e económica no Gana, em alguns casos sem conhecimento prévio da língua ou da cultura do país *de acolhimento*. Embarcaram numa viagem rumo ao desconhecido, sem saber o que os esperaria, mas com uma fé profunda na procura de uma vida e de um futuro melhores para si próprios e para as suas famílias. Quatro décadas mais tarde, abriram caminho para que os seus filhos e netos, instruídos e qualificados, regressassem e realizassem os seus sonhos e aspirações. Estão a regressar do exílio.

Como ganês a crescer no Ocidente, criado entre duas culturas mas sem nunca pertencer totalmente a nenhuma delas, a questão de saber o que é a *minha* casa e onde está a *minha* casa ecoa constantemente na minha cabeça. Em "*Imaginary Homelands*", Salman Rushdie descreve alguém que cresceu no Ocidente como um filho de emigrantes com a incapacidade de fazer parte de qualquer sociedade. Nós, na diáspora, temos a capacidade de, de alguma forma, nos adaptarmos sempre a qualquer sociedade e circunstância; é natural para nós, é como as pessoas que cresceram bilingues, que têm facilidade em aprender uma terceira ou quarta língua.

No entanto, a capacidade de adaptação é também um obstáculo, porque esta suposta força também nos impede de mergulhar completamente numa única cultura. No caso de Accra, no Gana, isso explica o facto de os retornados terem *os seus* locais de encontro. Embora entre a diáspora existam muitas diferenças de estatuto social e económico, uma coisa que todos partilhamos é uma segunda casa, uma outra identidade, a identidade ocidentalizada.

"Por vezes, sentimos que estamos entre duas culturas; outras vezes, que estamos entre dois bancos."

Quase todos os meus participantes disseram que tanto o Gana como o seu país de origem são as suas casas. Para eles, não se trata de escolher um em detrimento do outro. Não sentem qualquer tipo de carência, mas antes uma singularidade e uma riqueza em si próprios e consideram-se uma mais-valia para a comunidade do Gana.

A questão do lar tem mudado ao longo dos anos, especialmente desde o ano 2000 e a introdução da globalização e de um mundo mais globalizado.

Kadri, outro participante, disse algo muito pungente e relevante:

"Hoje em dia, nascemos num sítio, vamos para a escola noutro sítio, vamos para a universidade noutra cidade, conhecemos uma namorada desse sítio, depois mudamo-nos para outro sítio por causa do trabalho, casamos lá e temos filhos. E isso é uma coisa linda".[47 48]

O que é a casa? A casa é onde a fazemos e onde nos sentimos em paz, é onde decidimos que ela seja. O conceito de casa mudou, exatamente como as nossas vidas mudam constantemente com o início de uma nova década e uma nova invenção. Kwaku Yeboah, do Gabinete para os Assuntos da Diáspora, perguntou o seguinte:

"É difícil saber o número exato de repatriados, até porque não sabemos ao certo quanto tempo vão ficar nesta viagem. Os repatriados são passageiros frequentes; saem do país pelo menos duas vezes por ano. Poderão estes ser realmente classificados como regressados?"

Sim, podem, é a resposta. Trabalham no Gana, pagam impostos e escolheram o Gana como a sua casa, pelo que esta é a sua casa.

Concluí que ser de dois lugares enriquece mais do que prejudica, o

47 Rushdie, Salman, "Imaginary Homelands" (Granta Book London em associação com Penguin Books New York) 1992, p. 15

48 Entrevista áudio com Kadri Adjei, um excerto pode ser consultado em: www.returningfromexile.com

único aspeto negativo é que se sente sempre a falta de alguma coisa; por isso, a casa torna-se um conceito difícil.

4. CONCLUSÃO

Esta investigação enriqueceu realmente a minha compreensão das experiências migratórias do Gana. Aprendi imenso sobre a história e os sacrifícios da geração dos meus pais. Quando estava a crescer na Alemanha, eu e os meus primos queixávamo-nos sempre que os nossos pais falavam da sorte que tínhamos em viver lá e do que tinham sofrido para nos dar um futuro melhor. Revirávamos sempre os olhos, mas, aos 33 anos, posso finalmente dizer que compreendo o que eles queriam dizer e agradeço-lhes; todos nós lhes agradecemos. Mencionei na segunda secção que a migração em África, neste caso no Gana, não pode ser separada das estruturas emocionais, sociais e familiares, e posso concluir reafirmando esta afirmação. Não pensei que me sentiria tão emocionado ao escrever este trabalho, mas sinto-me muito orgulhoso e feliz. Os ganeses (e quando digo ganeses refiro-me a uma definição mais ampla) são um povo resistente, que se esforça e supera as dificuldades. A geração dos meus pais deixou o Gana há quase 50 anos, quando o país estava em crise, e 50 anos mais tarde, através do seu esforço e apoio combinados, tornaram o país numa das economias mais fortes do continente africano.

Uma outra observação é que, dos nove entrevistados, apenas um se sentiu completamente alienado no seu país de nascimento, algo que eu não tinha previsto. Os restantes não deixaram o seu país de origem por não se sentirem em casa, mas sim por curiosidade, razões económicas e ideológicas. Foi uma surpresa agradável.

Gostaria de aproveitar esta oportunidade para agradecer a todos os meus participantes que contribuíram de forma tão rica para a minha investigação e que dedicaram tempo e reflectiram verdadeiramente sobre as minhas perguntas. Quero agradecer especialmente a Abenaa Nyarko Uttenthal por me motivar constantemente e por me dar grandes ideias, como a canção tema do meu sítio Web, da banda ganesa: Osibisa - Welcome home.

5. BIOGRAFIA E INFORMAÇÕES BREVES DOS PARTICIPANTES

Valerie Labi Okudzeto tem 28 anos e nasceu e cresceu na Grande Londres. Regressou ao Gana no Natal de 2008. Veio passar as férias de Natal e nunca mais regressou ao Reino Unido. É a diretora-geral da ONG Clean Team, especializada em levar água potável e saneamento às comunidades de Kumasi.

Sewor Okudzeto tem 38 anos e nasceu no Gana, mas mudou-se para o Reino Unido aos 8 anos de idade. Sewor também regressou no Natal de 2008 para visitar os seus pais, que se tinham mudado recentemente para o Gana e decidido ficar. Sewor é um músico multi-instrumental e produtor musical. É casado com Valerie. Conheceram-se e apaixonaram-se no Gana e selaram a sua união em maio de 2014.

Kobina Graham tem 37 anos, nasceu em Londres e foi criado entre o Gana e Londres, mas maioritariamente em Londres. Regressou ao Gana em 2007 devido à recessão económica em Londres. É professor na Universidade de Ashesi e DJ a tempo parcial.

Billie McTernan tem 26 anos e nasceu e cresceu em Londres. Mudou-se para o Gana em 2013 por motivos profissionais. É jornalista freelancer para o Guardian e editora do Africa Report.

Abenaa Nyarko Uttenthal tem 37 anos e nasceu e cresceu na cidade de Nova Iorque. Mudou-se para o Gana pela segunda vez em fevereiro de 2014. É mãe de três filhos e trabalha em consultoria. Regressou porque o Gana é a sua casa.

Kadri Adjei Lomo tem 35 anos e nasceu e cresceu no Texas. Mudou-se para o Gana em 2012 por razões económicas. É advogado de formação, perdeu o emprego e decidiu mudar-se para o Gana para iniciar uma atividade agrícola.

6. BIBLIOGRAFIA

- Adichie, Chimamanda Ngozi "Americanah", Fourth Estate Publisher, 2013

- Appadurai, A. "Grassroots, globalization and the research imagination". Cultura pública, 2000, 12 (1)

- Awumbila. M., Manuh T., Quartey P., Tagoe C. e Antwi Bosiakoh T. "Migration Country Paper (Ghana)", Country Paper: Gana, 2008 Centro de Estudos sobre Migração, Universidade do Gana

- Nsiah, Jacqueline, exposição de tese de mestrado, 15th março de 2014

- Nyamnjoh, Francis B. "Ficção e realidade da mobilidade em África" in Estudos de Cidadania, 2013, Vol. 17, Nos. 6-7

- Orozco, Manuel et al. "Diasporas, Development and Transnational integration: Ghanaians in the U.S., U.K. and Germany", Institute for the Study of International Migration and Inter-American Dialogue, 23 de outubro de 2005

- Rushdie, Salman, "Imaginary Homelands" (Granta Book London em associação com Penguin Books New York) 1992, p. 15

Sítio Web da tese

www.returningfromexile.com

Sítios Web

- http://www.ghanaweb.com/GhanaHomePage/republic/polit_hist.php

(23rd

setembro de 2014)

- http://www.anafricancity.tv

- http://www.globalpost.com/dispatch/news/health/140904/map-

youth-elderly-

mundo-politico-agitação-economia-desemprego (8th setembro 2014)

- http://www.ghanaweb.com/GhanaHomePage/diaspora/ 04th outubro

de 2014

- http://www.indexmundi.com/ghana/literacy.html 4th outubro de 2014

- http://www.csiss.org/classics/content/90 4th outubro de 2014

https://www.youtube.com/watch?v=rmJ_OPzPg0E (Filme: No Place Like

Home) http://en.wikipedia.org/wiki/Akosombo_Dam (5th outubro de 2014)

http://www.bbc.co.uk/worldservice/focusonafrica/news/story/2007/02/070129

ghana50_independence_speech.shtml (última atualização 2nd junho de 2007)

- http://www.modernghana.com/news/112475/1/who-killed-dr-kwame-

nkrumah.html

Artigos

- Reportagem: "O síndroma chinês; *A longa marcha para casa"*. Publicado na revista Sunday Times de 1 de agosto de 2010

- Revista Internacional de Comunicação 6 (2012), Recensão do livro: Leah A. Lievrouw, "Alternative and Activist New Media", Malden, MA: Polity Press, 2011

- Said, Edward "Reflections on Exile", Essay, 2000, p. 137

(http://www.dartmouth.edu/~germ43/pdfs/said_reflections.pdf)

- http://www.merriam-webster.com/dictionary/exile

MIX
Papier aus verantwortungsvollen Quellen
Paper from responsible sources
FSC® C105338

Printed by Books on Demand GmbH, Norderstedt / Germany